# ME ENCANTA COMPARTIR
# I LOVE TO SHARE

**Shelley Admont**
Ilustrado por Sonal Goyal y Sumit Sakhuja

www.kidkiddos.com
Copyright©2014 by S. A. Publishing ©2017 by KidKiddos Books Ltd.
support@kidkiddos.com

All rights reserved. No part of this book may be reproduced in any form or by any electronic or mechanical means, including information storage and retrieval systems, without written permission from the publisher or author, except in the case of a reviewer, who may quote brief passages embodied in critical articles or in a review.

*Todos los derechos reservados. Ninguna parte de este libro se puede utilizar o reproducir de cualquier forma sin el permiso escrito y firmado de la autora, excepto en el caso de citas breves incluidas en reseñas o artículos críticos.*

Second edition, 2019

Traducción al inglés de Laura Bastons Compta

*Translated from English by Laura Bastons Compta*

**Library and Archives Canada Cataloguing in Publication Data**
I love to share (Spanish English Bilingual Edition) / Shelley Admont
ISBN: 978-1-5259-1440-9 paperback
ISBN: 978-1-5259-0821-7 hardcover
ISBN: 978-1-77268-245-8 eBook

Please note that the Spanish and English versions of the story have been written to be as close as possible. However, in some cases they differ in order to accommodate nuances and fluidity of each language.

*Para aquellos a los que más quiero – S.A.*
*For those I love the most – S.A.*

*— Mirad cuantos nuevos juguetes tengo —dijo Jimmy, el pequeño conejito, mirando alrededor de la habitación.*

"Look at how many new toys I have," said Jimmy the little bunny, looking around the room.

*Su fiesta de cumpleaños había terminado y la habitación estaba llena de regalos.*

His birthday party was over and the room was full of presents.

*—Oh, tu fiesta de cumpleaños ha sido muy divertida Jimmy —dijo su hermano mediano.*

"Oh, your birthday party was so fun, Jimmy," his middle brother said.

*—Vamos a jugar —dijo su hermano mayor, cogiendo la caja más grande—. ¡Aquí dentro hay un tren enorme!*

"Let's play," said his oldest brother. He took the largest box. "There's a huge train inside!"

*De golpe, Jimmy se puso en pie de un salto y agarró la caja.*
*—¡No la toques, es mi tren! —gritó—. ¡Todos estos regalos son MÍOS!*

Suddenly, Jimmy jumped to his feet and grabbed the box. "Don't touch it! It's my train!" he cried. "All these presents are **MINE!**"

*—Pero Jimmy, siempre jugamos juntos —dijo el hermano mayor—. ¿Qué te pasa hoy?*

"But, Jimmy," said the oldest brother, "we always play together. What happened to you today?"

*—Hoy es MI cumpleaños y estos son MIS juguetes —gritó Jimmy.*

"Today is MY birthday. And these are MY toys," Jimmy screamed.

—Mejor vamos a jugar a baloncesto —dijo el hermano mayor, echando un vistazo al exterior—. Hoy el tiempo está muy bien y soleado.

The oldest brother glanced out the window. "We better go play basketball," he said. "It's nice and sunny today."

*Los dos hermanos conejitos cogieron el balón y salieron de la casa. Jimmy se quedó solo en la habitación.*

The two bunny brothers took a ball and went outside. Jimmy stayed in the room on his own.

*—¡Sí!— exclamó —¡Ahora todos los juguetes son para mí!*

"Yeah!" he exclaimed. "Now all the toys are for me!"

*Cogió la caja más grande y la abrió feliz. Dentro, encontró un circuito de vías y un tren de colores. Sólo necesitaba montar las vías y el tren.*

He took a large box and opened it happily. Inside he found a rail trail and a new colorful train. He just needed to put the rail trail together.

*—¡Oh, estas piezas son muy pequeñas! —dijo sujetando las partes del circuito de vías—. ¿Cómo puedo ponerlas juntas?*

"Oh, these pieces are too small!" he said, holding the rail trail parts. "How should I connect them together?"

*De alguna manera construyó una vía, pero salió torcida. Cuando, por fin, conectó su nuevo tren de colores, éste se quedó atascado en la vía.*

Somehow he built the rail line, but it came out crooked. When he finally turned on his new colorful train, it got stuck on the track.

*Jimmy miró alrededor y vio otra caja.*

Jimmy looked around and spotted another box.

*—No me voy a preocupar. Tengo más juguetes nuevos —dijo abriendo otro regalo que contenía muñecos de superhéroes.*

"No worries. I have more new toys," he said and took another present. Inside there were superhero toys.

*—¡Guau! —exclamó Jimmy, mientras corría alrededor de la habitación con sus nuevos muñecos de superhéroes en las manos.*

"Wow!" exclaimed Jimmy. He started to run around the room with new superhero toys in his hands.

*Pronto se aburrió y se cansó. Lo probó todo. Jugó con su oso de peluche preferido y hasta abrió todos sus regalos, pero aquello no era divertido.*

Soon he became tired and bored. He tried everything. He played with his favorite teddy bear and he even opened all his presents, but it was not fun at all.

*Entonces, miró por la ventana y vio a sus hermanos jugando alegremente a baloncesto. El sol brillaba y se lo estaban pasando en grande.*

Jimmy watched through the window and saw his brothers playing cheerfully with their basketball. The sun was shining brightly, and they were laughing and enjoying themselves.

*—¿Cómo se lo pueden estar pasando tan bien si sólo tienen un balón? —se preguntó Jimmy—. El resto de los juguetes están aquí conmigo.*

"How are they having so much fun? They only have one basketball!" said Jimmy. "All the other toys are here with me."

*A continuación, escuchó una voz extraña.*

Then he heard a strange voice.

*—Comparten —dijo la voz.*

"They SHARE," it said.

*Jimmy miró a su alrededor, clavando los ojos sobre su cama donde su oso de peluche estaba sentado. La voz venía de allí.*

Jimmy looked around the room, staring at his bed where his teddy bear sat. The voice came from there.

*—¿Qué? —preguntó Jimmy en un susurro.*

"What?" he whispered.

*—Digo que ellos comparten —repitió su oso de peluche con una sonrisa.*

"They share," repeated his teddy bear with a smile.

*Jimmy le miró sorprendido. Nunca había pensado que compartir podría ser divertido.*

Jimmy looked at him amazed. He never thought that sharing could be fun.

*Jimmy agitó su cabeza.*
*— No...no me gusta compartir. Me encantan mis juguetes.*

Jimmy shook his head. "No...I don't like to share. I love my toys."

*—Pruébalo —insistió su oso de peluche—. Tan sólo pruébalo.*

"Try it," insisted his teddy bear. "Just try it."

*Mientras tanto, el tiempo cambió. Nubes oscuras cubrieron el cielo y grandes gotas de lluvia empezaron a caer.*

Meanwhile the weather changed. Dark clouds covered the sky and large raindrops started falling to the ground.

*Riendo, los dos hermanos conejitos entraron corrieron en la casa.*

Laughing, the two bunny brothers ran into the house.

*—Oh, estáis muy mojados —dijo mamá—. Iros a cambiar la ropa y os preparará un chocolate caliente.*

"Oh, you're all wet," said Mom. "Go change your clothes and I'll make you hot chocolate."

*—Jimmy, ¿quieres chocolate caliente también? —preguntó su madre.
Jimmy asintió.*

"Come, Jimmy, do you want hot chocolate too?" she asked. Jimmy nodded.

*La mamá abrió la nevera para coger la leche.
—Mira, queda un pequeño trozo de pastel de tu cumpleaños —anunció su madre.*

Mom opened the fridge to grab the milk. "Look, there's a small piece of your birthday cake left," she said.

*Jimmy se puso de pie.
—¿Sí?, ¿puedo comérmelo? ¡Estaba muy bueno!*

Jimmy jumped to his feet. "Yeah, can I have it? It was so tasty!"

*En aquel momento, sus hermanos entraron en la cocina.*

At that moment, his brothers entered the kitchen.

*—¿Has dicho pastel? —preguntó su hermano mediano.*

"Did you say cake?" asked the middle brother.

*—Me gustaría un trocito —añadió su hermano mayor.*

"I'd like a piece," added the oldest brother.

*Su padre les siguió.*
*—¿Es eso un...pastel de cumpleaños?*

Their father followed them. "Is this a...birthday cake?"

*La mamá sonrió tiernamente.*
*—Ahh... de hecho sólo queda un minúsculo trozo de pastel y somos cinco.*

Mom smiled softly. "Ahh...there is actually a tiny little piece left. And there are five of us."

*Jimmy miró a su amada familia y sintió como una agradable sensación se extendía por todo su cuerpo desde su corazón. Sabía qué tenía que hacer y se sintió muy bien.*

Jimmy looked at his loving family and felt a warm feeling spread from his heart. He knew what he needed to do and it felt so good.

*—Podemos compartir —dijo—. Vamos a dividirlo en cinco trozos.*

"We can share," he said. "Let's cut it into five pieces."

*Todos los miembros de la familia de conejos asintieron con sus cabezas. Después, se sentaron alrededor de la mesa y cada uno disfrutó de su trocito de pastel de cumpleaños y del chocolate caliente.*

All the members of the bunny family nodded their heads. Then they sat around the table and everyone enjoyed a piece of birthday cake and a hot chocolate.

*Jimmy miró sus sonrientes caras y pensó: "Compartir puede hacerte sentir muy bien después de todo."*

Jimmy glanced at their smiling faces and thought, *Sharing can actually feel very nice after all.*

*Cuando terminaron, mamá se dirigió a Jimmy y le dio un enorme abrazo.*
*—Feliz cumpleaños cariño —dijo ella.*

When they finished, Mom came to Jimmy and gave him a huge hug. "Happy birthday, honey," she said.

*Los dos hermanos mayores y su padre se acercaron y compartieron un abrazo familiar.*

The two older brothers and their dad gathered around them and shared the family hug.

*—Feliz cumpleaños, Jimmy —gritaron todos juntos.*

"Happy birthday, Jimmy," they screamed together.

*Jimmy sonrió.*
*—¿Queréis ir a jugar con mis juguetes? —preguntó a sus hermanos—. Tengo un nuevo tren y nuevos superhéroes.*

Jimmy smiled. "Do you want to play with my toys?" he asked his brothers. "I have a new train and new superheroes."

*—¡Sí, vamos a jugar! —gritaron los hermanos conejitos.*

"Yeah! Let's play!" shouted the bunny brothers.

*Juntos, Jimmy y sus hermanos construyeron una vía de tren perfecta. El tren silbó y corrió rápido sobre los raíles.*

Together Jimmy and his brothers built a perfect rail trail. The train whistled and ran fast around the track.

*Los hermanos abrieron los regalos y jugaron con todos sus juguetes.*

Then they opened the presents and played with all their toys.

*¡Desde aquel día a Jimmy le encanta compartir e incluso afirma que compartir es divertido!*

**From then on, Jimmy loved to share. He even said that sharing is fun!**